Lass´ niemals Dir von fremden Leuten…

Poetisch-Philosophische Gedanken
aus der Traumbaumwelt

von

Peter Grochowy

ALLE TEXTE: Peter Grochowy

www.traumbaumwelt.de

HERSTELLUNG UND VERLAG:

Books on Demand GmbH, Norderstedt

ISBN 978-3-8391-3522-8

Besonderen Dank schulde ich meiner Frau Bärbel

ohne die dieses Buch nicht entstanden wäre!

Vorwort

Nachdem meine Frau und ich Mitte der achtziger Jahre damit begonnen hatten uns künstlerisch zu betätigen konnten wir in den Neunzigern unsere „Traumbäume" entwickeln und damit die „Traumbaumwelt" erschaffen.

Im Zuge der Entwicklung dieser Kunstobjekte entstand eine eigene Philosophie dazu, wodurch ich mich eingehender mit den Träumen der Menschen beschäftigt habe.

Seit es Menschen gibt, gibt es auch Träume.

Nicht nur nachts, im tiefen Schlaf, sondern auch wach oder halbwach haben wir alle unsere Träume … von einer Zukunft die unseren Wünschen und Vorstellungen entspricht.

Ob diese Träume sich erfüllen hängt nur zum Teil von uns selbst ab, doch unser Denken und Handeln bringt uns, wenn wir es wirklich wollen, ein gutes Stück der Traum-Verwirklichung entgegen.

Die in diesem Band veröffentlichten Texte haben sich im Laufe der Zeit in mir entwickelt und ich glaube, dass vieles davon nachdenkenswert ist.

Peter Grochowy, Februar 2010

Der Spiegel

Lass´ niemals Dir von fremden Leuten
den Inhalt Deiner Träume deuten
denn dieser kann nur Dir allein
ein Spiegel Deiner Seele sein

In eigener Sache

Gedichte, sanft wie weiche Vogelschwingen
umtaumeln mich und schmeicheln meinem Herzen
sind stets bestrebt sich aus der Brust zu ringen
versenden schimmernd mattes Licht wie Kerzen

Sie drängen mich, zur Feder nun zu greifen
sie festzuhalten ehe sie entschwunden sind
ich spüre wie die Texte in mir reifen
und freue mich darüber wie ein kleines Kind

Bin ICH ein Dichter… oder meine Seele
die mir stets vorgibt was zu sagen sei?
Das ist mir gleich, denn was ich Euch erzähle
macht mich in meinem tiefsten Innern frei

Auszeit

Am Sommerabend unter Bäumen
in lauen Lüften zu verweilen
dabei so manchen Traum zu träumen…
…soll doch die Welt vorübereilen!

Gut und Böse

Die guten Träume kommen dann zu Dir
wenn Dein Gewissen ihnen dies erlaubt
die bösen Träume aber sind
der Abgrund der den sanften Schlaf Dir raubt

Bist Du als Mensch ein Mensch
im Sinne aller guten Eigenschaften
so sind Dir sicher schöne Träume stets beschieden
doch aller Menschen Fluch ist auch die böse Tat
drum lässt so mancher schlimme Traum
Dich in der Hölle sieden

Doch wisse, Mensch,
dass Gut und Böse stets zusammen gehen
ist tief verwurzelt in der Seele eines Jeden
die bösen Träume wollen wir nicht gerne sehen
drum bleibe stets im Herzen rein
dann kannst Du über gute Träume reden

Imagination

Wie Sommerwolken, luftig, leicht
vorüberzieh´n im Himmelsblau
so weit entfernt und unerreicht
doch trotzdem sieht man sie genau

So ist auch mancher Lebenstraum
zum Greifen nah – und doch so fern
erreichbar sind die Bilder kaum…
und trotzdem träumen wir sie gern

Aufbruch

Wenn du erwachst nach einem wunderbaren Traum
der dich umfing wie zartes Spinngewebe
ein Glück erfasst dich wie ein zarter Flaum
von dem du glaubst, dass es dich himmelhoch erhebe
dann löse dich, versuch' nicht dieses Glück zu greifen
das klare Bild wird langsam blass und blässer
lass' den Gedanken stetig in dir reifen:
Der Traum war gut, die Wahrheit wird noch besser!

Lebenselixier

Was ist das Leben denn schon ohne Traum?!
Es wäre kahl wie ein blattloser Baum!
Träume sind Antrieb zur Zukunft im Leben!
Hoffentlich sind Dir oft Träume gegeben!

Der Weg

Nur wer erkennt

dass ein Traum ein Traum ist

kann den Weg finden

auf dem sein Traum zur Wahrheit wird

Grenzenlos

In stiller, heller Mondennacht
sah ich die Sterne blinken
es schien, als hätten sie gedacht
mir heimlich zuzuwinken

Es glitzerte ein Funkenfeld
vom Firmament hernieder
beleuchtete die dunkle Welt
gab mir die Hoffnung wieder

Denn meine Sehnsucht ist mein Traum
es leuchten uns die Sterne
des Menschen Schicksal rührt sie kaum
so unermesslich ferne

Doch scheinen sie für alle gleich
und sind uns so ein Zeichen
ob schwarz ob weiß, ob arm ob reich
wie sich die Menschen gleichen

Frage und Antwort

Kann man denn sein ohne ständig zu träumen?
Wer niemals träumt wird die Zukunft versäumen

Letzte Chance

Die Welt, sie kann gerettet werden
so krank und elend sie auch liegt
denn Hunger, Hass und Krieg auf Erden
würden von Träumern wohl besiegt

Von Träumern die noch Hoffnung sehen
im Traum von einer bess'ren Welt
wo Menschen zueinander stehen
und Einigkeit zusammen hält

Gebt doch den Träumern eine Chance
ihr Menschen hier auf dieser Erde
auf das für immer die Balance
von Gut und Böse Wahrheit werde!

Die Lüge I

Die Lüge ist ein süßes Gift
Dir etwas vor zumachen
doch wenn Dein Traum die Wahrheit trifft
dann solltest Du erwachen

Denn Fiktion und Wirklichkeit
sind manchmal schwer zu trennen
drum bleibe auch im Traum bereit
das Echte zu erkennen

Die Lüge II

Die Lüge ist ein süßes Gift
die Sinne zu vernebeln
bemüht, wenn sie auf Zweifel trifft
die Wahrheit auszuhebeln

So gib der Lüge keinen Raum
sich in Dein Herz zu bohren
verfolge Deinen Lebenstraum
dann bist Du nie verloren

Die Lüge III

Die Lüge ist ein süßes Gift
zumal wenn Du beim träumen
so manche Klippe hast umschifft
wenn hoch die Wellen schäumen

Doch muss Dein Traum nicht Lüge sein
kann sich zur Wahrheit wandeln
denn Deines Glückes Schmied allein
bist Du mit deinem Handeln

Glück

Wer

wenn sein Traum zur Wahrheit wird

noch lachen kann

muss glücklich sein

Das sanfte Ruhekissen

Wenn nachts der Mensch den Schlaf nicht findet

den er gesucht, den er erhofft

und sich auf seinem Lager windet

wie er es vormals tat schon oft

Nicht ruhen lässt ihn sein Gewissen

wer bin ich, hab` ich eine Seele

was kann ich tun, dass nicht entrissen

mir diese werde und mich quäle

Zum einen fürchtet er bei Nacht

den Schlaf den er herbeigesehnt

weil ihn der Nachtmahr angelacht

als er an seinen Traum gelehnt

Doch leider auch im Tageslichte

verfolgen graue Träume ihn

er bebt, er zittert, hat Gesichte

doch seine Seele kann nicht flieh`n

So bleibe besser unberührt

von Taten die die Seele knechten

weil dies zu schönen Träumen führt

und auch zum Schlafe der Gerechten

Ohne Zukunft

Ein Mensch, der seinen Lebenstraum
verlor in seines Alltags Hetze
ist wie ein abgestorb´ner Baum
zu dem ich mich nicht gerne setze

Der neue Tag

Wenn Du des Morgens früh erwachst
erinnerst Dich an einen Traum
und plötzlich laut darüber lachst
denn ein Gefühl wie süßer Schaum
wie Zuckerwatte, holt Dich ein
und die Erinn'rung gibt Dir Mut
dann kannst Du ziemlich sicher sein
dies ist Dein Tag, heut' wird es gut

Wo und Wie

Wo Du auch bist auf dieser Welt
Dir Tag und Nacht vergehen
Wo Dir die Zeit ein weites Feld
auf dem Du musst bestehen

Wie Dich Dein Weg durch' s Leben führt
auf welch verschlung' nen Pfaden
Wie Dich das Schicksal angerührt
mit mancher Last beladen

Das Wo und Wie berührt Dich kaum
es ist nicht wirklich wichtig
lebst Du nur Deinen Lebenstraum
führst Du Dein Leben richtig

Routine

Wer seinen Traum vom Glück aufgibt
hat seine Zukunft schon verloren

Einsamkeit

Ein Mensch, der für sein Leben gerne
mit allen seinen wachen Sinnen
stets danach strebt, in weiter Ferne
das Glück des Lebens zu gewinnen

der davon träumt, vielleicht auf allen sieben Meeren
und noch dazu in aller Herren Länder
sich zu beweisen, Geist und Gut zu mehren
stößt bald an seiner Fähigkeiten Ränder

Denn würde das, was er sich stets erträumte
wirklich vollbracht in einem kurzen Leben
so würde doch, was er dabei versäumte
hätt' er's erlebt, ihn in den siebten Himmel heben

Weil Freundschaft, Liebe, helles frohes Lachen
sich nicht am Traum von Gut und Geld berauschen!
Wer nur für sich allein sein Glück erträumte
mit dem möcht' ich, wach oder träumend, niemals tauschen!

Der Sinn

Die Suche nach dem Sinn des Lebens
ist oft ein Traum... und bleibt vergebens

Endzeit

Geboren einst aus Sternenstaub
wie der Planet ist auch das Leben
ganz gleich ob man an Zufall glaubt
oder das Götter es gegeben

Der Mensch glaubt, wenn er sich erhebt
zum Herrscher über uns`re Erde
dass alles was hier sonst noch lebt
zum Nutzen ihm gereichen werde

Doch kommt der Hochmut vor dem Fall
das weiß man schon seit langer Zeit
die Zeichen sieht man überall
ich fürchte, es ist bald soweit

Es folgt die Rache der Natur
die Erde braucht den Menschen nicht
sie hat die Zeit, wir nur die Uhr
und die läuft ab, es werde Licht!

Positiv

Die Träumereien die Dich quälen
von Pech und Unglück Dir erzählen
verwehre ihnen ihre Macht

Die Träume aber die Dir gut
die Freude sind und Lebensmut
lass' sie heran in ihrer Pracht

Denn bist Du heiter im Gemüt
so kann Dich auch kein Alptraum quälen
wenn Zuversicht stets neu erblüht
kann niemand Dir die Hoffnung stehlen

Denn Deine Zukunft bist Du selbst
sie zu gestalten sei bestrebt
wenn Du beim Träumen zu Dir hältst
hast Du am Ende gut gelebt

Ein Traum

Ein Traum ist ein Traum ist ein Traum

doch uns'rer Sehnsucht, uns'ren Wünschen gibt er Raum

wenn wir verzagen jedoch

nur nach Innen schau'n

bleibt unser Traum

stets nur ein Traum

stets nur ein Traum

Chi La Dura La Vince

Ein langer Traum, so schien es mir
kam nun zu einem Ende
denn glücklich stand ich neben Dir
hielt zärtlich Deine Hände

Die Hände die Du mir gereicht
zwei Herzen zu verbinden
sie machen uns den Weg so leicht
das Lebensglück zu finden

Das Spiel der Welt

Die Flamme aller Zeit
verzehrt Vergangenheit

Der Wandel

Ein Licht bricht durch die Dunkelheit
der finsteren Gedanken
fordert Dich auf von Zeit zu Zeit:
„Zerstöre Deine Schranken!"

Barrieren die Du selbst gebaut
die Dich am leben hindern
zerbrich sie, rette Deine Haut
versuche Schmerz zu lindern

Das wahre Leben liegt im Licht
Du darfst es nicht verschenken
Trübsal und Jammern hilft Dir nicht
die Zukunft selbst zu lenken

Drum glaube stets an Deinen Traum
und an den Sinn des Lebens
gib heiteren Gedanken Raum
dann lebst Du nicht vergebens

Entschleunigung

Unendlichkeit in Zeit und Raum
Unendlichkeit in jedem Traum

Die Uhr zerbricht die Zeit in Teile
Gelassenheit kennt keine Eile

Füllhorn

Wer seinen Traum vom Glück verliert
den kann Fortuna nicht beschenken!

Tempus Anima Mundi

Die Zeit, die eine Uhr Dir weist
von Kindheit an bis Du vergreist
niemals darfst Du ihr Sklave werden
solange Du hier lebst auf Erden

Doch nutzt Du sie als Antriebskraft
die Deinen Träumen Wahrheit schafft
dann liegt die Zukunft Dir bereit
denn so bist Du der Herr der Zeit

Zuversicht

Das Mondlicht fahl

die Schatten lang

doch jeder Nacht

folgt Vogelsang

Wunder des Lebens

Ein Leben ist der Welt erwacht
ein Mensch ward neu geboren
er hat sogleich uns angelacht
und einen Schrei verloren

Der drang uns tief ins Herz hinein
wo wir ihn stets bewahren
er soll uns die Erinn'rung sein
auch noch nach vielen Jahren

Nicht zu vergessen was es heißt
ein Wunder zu erleben
und so der Menschheit Zukunft auch
ein Stück von uns zu geben

Roots

Die Wurzel gibt dem Baum die Kraft
sie sorgt für Halt und Lebenssaft
doch auch der Mensch, zum wahren Leben
braucht Wurzeln die ihm Rückhalt geben

Tempora

Meine Heimat im Lande der Dichter und Denker
hier bin ich geboren, hier bleibe ich gern
doch es gab auch die Schande der Richter und Henker
die Erinnerung bleibt, sind die Zeiten auch fern

Bin bemüht zu vergessen dieses schreckliche Grauen
das die Menschen verblendet and`ren Menschen getan
doch wir müssen uns zwingen auf das Elend zu schauen
zu verhindern noch einmal diesen furchtbaren Wahn

Bin gefangen in Träumen, bin im Inner´n zerrissen
denn die Schuld meiner Väter lastet bleiern auf mir
meine Seele ist rein und so ist mein Gewissen
was die Zukunft uns bringt das bestimmen doch wir

Und so will ich heraus aus den finst´ren Gedanken
meine Träume sind Hoffnung, meine Augen sind klar
eine friedliche Welt, ohne Hass, ohne Schranken
wenn wir alle es wollen wird der Traum endlich wahr!